Das ultimative

DUA LIPA

Fanbuch

Das ultimative

DUA LIPA

Fanbuch

WILLKOMMEN

Seit der Veröffentlichung ihres Debütalbums und ihrer Durchbruch-Single „New Rules“ im Jahr 2017 hat sich Dua Lipa zu einer globalen Sensation entwickelt. In diesem Buch erfährst du alles über die Künstlerin hinter den mitreißenden Pop-Hits und atemberaubenden Auftritten, die ihr viel Lob und Anerkennung eingebracht haben. Außerdem bekommst du Einblicke in ihr Leben und ihre Karriere außerhalb der Musik, darunter ihre Rolle als Modeikone, ihr Ausflug in die Schauspielerei und ihr soziales Engagement für Projekte, die ihr am Herzen liegen.

INKLUSIVE WENDE-POSTER

Dua Lipa

Duas frühe Jahre

Am 22. August 1995 wurde Dua in London als Tochter von Anesa und Dukagjin Lipa geboren. Ihre Eltern waren Albaner:innen aus dem Kosovo, die in den 1990er-Jahren nach Großbritannien gezogen waren. Duas Vorname bedeutet auf Albanisch „Liebe“. Ihre Eltern bekamen später noch zwei weitere Kinder, einen Jungen und ein Mädchen. Die Geschwister wuchsen in West Hampstead auf. Schon als Kind sang Dua gerne (ihr Vater war ebenfalls Sänger) und nahm an Wochenendkursen an der Sylvia Young Theatre School teil. Doch als Dua 13 Jahre alt war, zog die Familie Lipa zurück in den Kosovo.

„Die Leute fragten immer, woher mein Name kommt. Ich war wirklich stolz auf meinen Namen, aber als ich jünger war, wünschte ich mir, dass mein Name zum Beispiel Hannah wäre – eben etwas ‚Normales‘ und Englisches.“

– Dua im Gespräch mit der BBC im Jahr 2023

Rückkehr nach London

Mit 15 Jahren überredete Dua ihre Eltern, sie allein wieder nach Großbritannien ziehen zu lassen. Während dieser Zeit lebte sie bei einer älteren Freundin der Familie in London. Sie kehrte an die Sylvia Young Theatre School zurück, um Gesangsunterricht zu nehmen, und machte ihren Schulabschluss an der Parliament Hill School. Entschlossen, eine Musikkarriere zu verfolgen, begann Dua, Auftritte auf YouTube und SoundCloud hochzuladen. Etwa zur gleichen Zeit unterschrieb sie bei einer Modelagentur, bevor sie 2013 schließlich einen Agenten für ihre Gesangskarriere fand. 2014 unterzeichnete Dua einen Plattenvertrag mit Warner Bros. Records.

CONVERSE
CONVERSE
x
FADER
FORT
POWERED BY
THE ALL NEW PRIUS

Duas Beziehung mit Isaac Carew

2015 begann Dua eine Beziehung mit Isaac Carew, einem britischen Koch und Model. Es war Duas erste öffentliche Beziehung. Die gemeinsame Zeit des Paares verlief jedoch nicht reibungslos, da sie sich mehrmals trennten und wieder zusammenkamen. Während ihrer ersten Trennung im Jahr 2017 war Dua fünf Monate lang mit dem Musiker Paul Klein zusammen, doch nach dem Ende dieser Beziehung nahm sie ihre Romanze mit Carew wieder auf. Carew begleitete Dua im Februar 2019 noch zu den Grammys und nahm mit ihr im Mai an der Met Gala teil, bevor die On-off-Beziehung im Juli 2019 endete.

Erste Erfolge

Nach der Vertragsunterzeichnung bei Warner Bros. Records veröffentlichte Dua im August 2015 ihre erste Single „New Love". Ihr Debütsong erhielt nicht die Aufmerksamkeit und Anerkennung, auf die Dua gehofft hatte – dafür schnitt ihre zweite Single „Be The One" viel besser ab. Der im Oktober 2015 veröffentlichte Song war in ganz Europa erfolgreich und erreichte Platz 1 in den belgischen und polnischen Charts. Die Veröffentlichungen von „New Love" und „Be The One" lenkten die Aufmerksamkeit auf Dua als aufstrebende junge Künstlerin. Ihr Talent wurde Ende 2015 gewürdigt, als sie auf die Sound-Of-2016-Longlist gesetzt wurde – eine Prognose der BBC der erfolgreichen Musiker:innen des kommenden Jahres.

Ein großes Jahr

Duas anhaltende Präsenz in der britischen und europäischen Musikszene festigte sich 2016, als sie im Januar ihre erste Tournee startete. In diesem Jahr veröffentlichte Dua auch mehrere Singles: „Last Dance", erschienen im Februar, landete in den Charts zwar nicht weit oben, aber ihre vierte Single „Hotter Than Hell" erreichte immerhin bereits Platz 15 in den britischen Charts. Ihre letzte Single des Jahres, „Blow Your Mind (Mwah)", kletterte auf Platz 30 in den britischen Charts und war Duas erster Song, der es in den USA in die Charts schaffte und Platz 72 der *Billboard* Hot 100 belegte. Sie arbeitete auch mit Sean Paul an dem Hit „No Lie" zusammen, der im November veröffentlicht wurde.

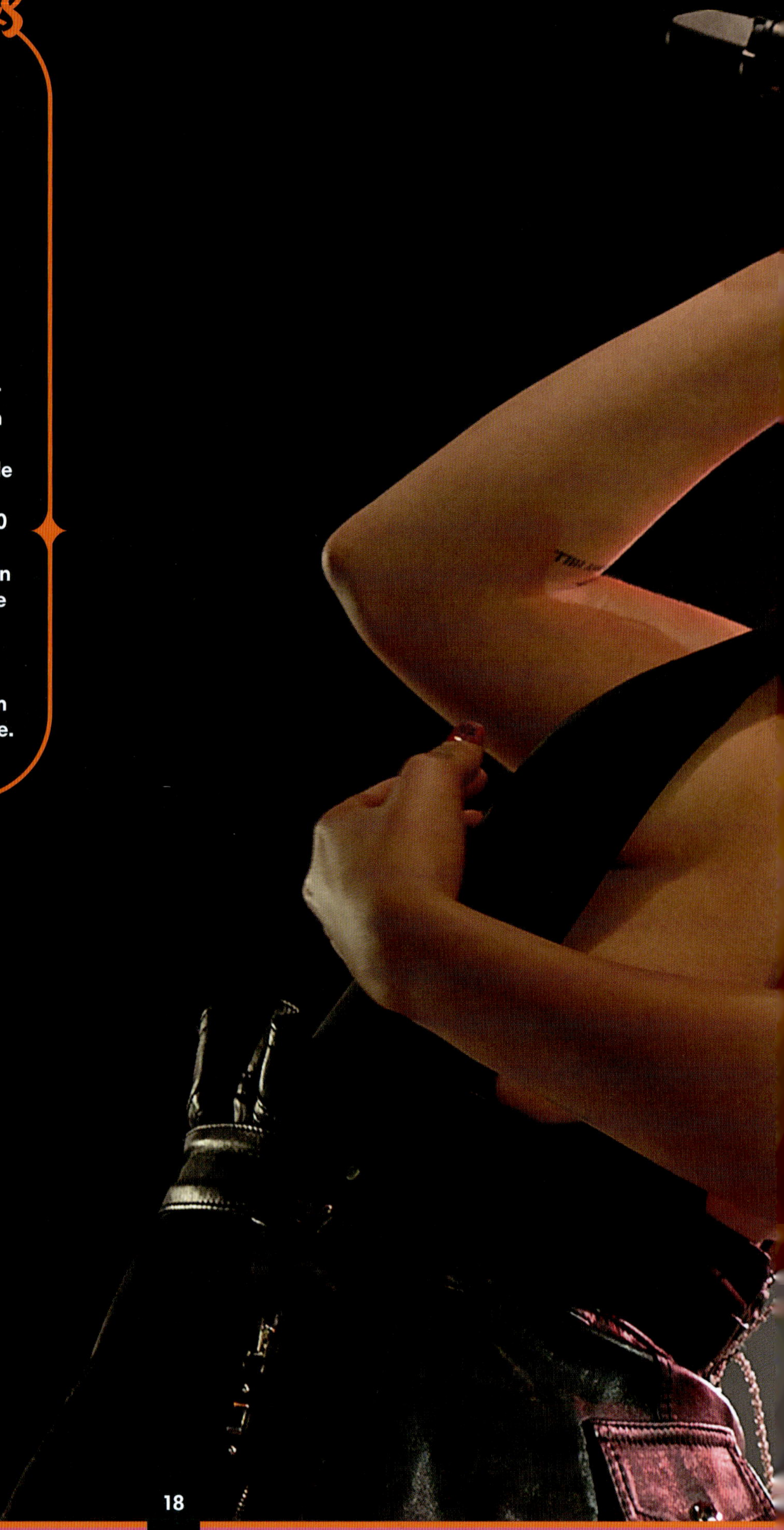

Support-Act

Seit der Veröffentlichung ihrer Debütsingle im Jahr 2015 steigerten sich Duas Popularität und ihr Bekanntheitsgrad immer weiter. Dua trat als Support-Act für eine Reihe äußerst erfolgreicher Stars auf Tour auf. Ihr erster Auftritt als Support-Act war für den australischen Sänger Troye Sivan auf seiner *Suburbia Tour* im Jahr 2016. Während der gemeinsamen Tournee sang Dua zusammen mit Sivan eine Coverversion von Mark Ronsons „Somebody To Love Me“. Ab 2017 trat sie als Begleit-Act sowohl bei der *24K Magic World Tour* von Bruno Mars (neben anderen Opening-Acts wie Camila Cabello) als auch bei der *A Head Full Of Dreams Tour* von Coldplay auf.

ANGEL

Scared to be Lonely

2017 suchte der niederländische DJ Martin Garrix nach einer Sängerin, mit der er an seinem neuen Song arbeiten konnte. Da Dua Lipa auf seiner Liste möglicher Kooperationspartnerinnen stand, nahm er Kontakt mit ihrem Management auf, woraufhin Dua eine Demoaufnahme für ihn einspielte. Garrix war von ihrem Gesang beeindruckt und verwendete eine zweite Aufnahme von Duas Gesang, um „Scared to be Lonely“ fertigzustellen, ein Song, der 2017 veröffentlicht wurde. Die Single kletterte auf Platz 2 der niederländischen Top 40, wurde ein weltweiter Hit und von der Kritik gefeiert. Während der Produktion des Songs lernten sich Dua und Garrix nie persönlich kennen.

Auf Tour in Europa und den USA

In Vorbereitung auf die bevorstehende Veröffentlichung ihres Albums startete Dua ihre US- und Europa-Tournee, um ihre Musik zu präsentieren. Die Tour begann am 24. Februar 2017 in Chicago und führte durch 14 nordamerikanische Städte, darunter New York, Washington D.C., Dallas und Toronto, bevor sie am 17. März in San Francisco endete. Anschließend ging es für Dua nach Europa. Die Tour startete am 5. April in Mailand und führte sie auch nach Berlin und Köln, Utrecht sowie Manchester und London.

> „Ich nehme alle Meinungen an, höre mir meine Songs noch einmal an und merke mir, was den Leuten daran gefällt. Aber am Ende des Tages wähle ich die Songs aus, bei denen ich mir sicher bin, dass sie zu mir passen und mich beschreiben.“
>
> – Dua in einem Interview mit *The Fader* im Jahr 2017

Das Debütalbum erscheint

Duas nach ihr selbst benanntes Debütalbum wurde am 2. Juni 2017 veröffentlicht, die Kritik war durchweg positiv. Unter den zwölf Titeln auf dem Album befanden sich auch ihre früheren Singles „Hotter Than Hell“, „Be The One“ und „Blow Your Mind (Mwah)“ sowie neue Songs. Es war aber der zehnte Track mit dem Titel „New Rules“, der Duas Status als globale Pop-Sensation festigen sollte, ein Song, der im darauffolgenden Monat als Single herauskam. Der Titel schoss an die Spitze der Charts und wurde Duas erste Nummer-eins-Single in Großbritannien und ihr erster Top-10-Song in den US-*Billboard*-Charts.

Glastonbury Festival 2017

Nach der Veröffentlichung ihres Debütalbums trat Dua am 23. Juni 2017 beim Glastonbury Festival auf. Ihr Auftritt lockte ein großes Publikum an und das Musikmagazin *NME* berichtete, dass sich die Fans „bis weit über die Seiten des John-Peel-Zeltes hinaus verteilten". Dua sang ihre bisher größten Hits, darunter „Scared to be Lonely" und „No Lie", und genoss sichtlich ihre Zeit auf der Festivalbühne. Nach dem Auftritt postete sie auf X: „Das war der verrückteste Moment meines Lebens. Ich werde mich bis an mein Lebensende an diesen Tag in Glastonbury erinnern."

LIPA

The Self-Titled Tour

Nachdem ihr Debütalbum erschienen war, startete Dua ihre *The Self-Titled Tour*, um ihr Album zu promoten. Die Tour begann am 5. Oktober 2017 in Brighton, Großbritannien – es war der Auftakt zu insgesamt 27 Terminen in Europa. Neben mehreren Auftritten im Vereinigten Königreich, darunter drei in London, machte Dua auch in Deutschland, Luxemburg, Norwegen und Dänemark sowie in anderen Ländern Station. Die *Self-Titled Tour* führte sie auch nach Nordamerika. Zusätzlich spielte sie zwei Konzerte in Brasilien und Argentinien. Die *Self-Titled Tour* endete am 24. April 2018 in Stockholm und war zu diesem Zeitpunkt in ihrer Karriere die größte Solo-Tour von Dua Lipa.

mastercard
BRIT

Nächster Halt: BRIT Awards

Bei den BRIT Awards 2018 war Dua für insgesamt fünf Auszeichnungen nominiert. Ihr Debütalbum ging in der Kategorie „British Album of the Year“ ins Rennen, ihre Single „New Rules“ in den Kategorien „British Single of the Year“ und „British Video of the Year“. Sie war auch in den Kategorien „British Female Solo Artist“ und „British Breakthrough Act“ nominiert – beide Kategorien konnte sie für sich entscheiden und in der letzteren andere neue Künstler wie Dave, J Hus und Loyle Carner hinter sich lassen. Während der Preisverleihung begeisterte Dua das Publikum mit einer mitreißenden Performance von „New Rules“.

One Kiss

Am 6. April 2018, kurz nach Duas Erfolg bei den BRIT Awards, wurde die Single „One Kiss“ veröffentlicht. Der Song entstand in Zusammenarbeit mit dem schottischen DJ Calvin Harris sowie der Sängerin Jessie Reyez, die das Lied gemeinsam mit dem Duo schrieb. Dua und Harris hatten sich vor Jahren auf einer Party kennengelernt. Da er der Meinung war, dass ihr Gesang in seinem damals noch unfertigen Song großartig klingen würde, bat er sie, mit ihm an „One Kiss“ zu arbeiten, während sie gerade auf der *Self-Titled Tour* war. Die Single entwickelte sich schnell zum Chartstürmer und erreichte Platz 1 in Großbritannien, den USA, Irland und Deutschland sowie in anderen Ländern der Welt.

Finale der UEFA-Champions-League

Im Mai 2018 gab die Union of European Football Associations (UEFA) bekannt, dass Dua Lipa bei der Eröffnungsfeier des UEFA-Champions-League-Finales zwischen Real Madrid und Liverpool in Kiew performen würde. Am 26. Mai trat Dua vor über 60.000 Fußballfans im Stadion sowie einem weltweiten Fernsehpublikum von fast 80 Millionen Menschen auf. Sie sang eine Auswahl ihrer Hits und wurde von Sean Paul, ihrem Stargast, bei der Performance von „No Lie“ begleitet. Durch ihren Auftritt schaffte es ihr Name auf Platz 2 der weltweit populärsten Trends auf X.

SUNNY HILL

Reading Festival

Zurück in Großbritannien trat Dua am 25. August 2018 beim Reading Festival auf. Ihr einziger Festivalauftritt des Jahres, bei dem sie vor den Hauptacts auf der Hauptbühne spielte, wurde als „energiegeladen“ beschrieben. Sie performte 45 Minuten lang und verwandelte das Festival mit ihren Hit-Songs in eine große Party. In einem Live-Blog vom Reading Festival hieß es über das Set: „[Lipa] versprühte mit ‚IDGAF‘ starke weibliche Empowerment-Vibes und lieferte uns mit dem Hit ‚One Kiss‘, zu dem die ganze Menge abging, den Soundtrack für unseren Sommer. Sie sagte, sie würde uns umhauen – und genau das ist ihr auch gelungen.“

Die Complete Edition

Nach dem Erfolg ihres Debütalbums *Dua Lipa* legte sie im Oktober 2018 eine erweiterte Version des Albums nach, die eine Reihe neuer Songs enthielt. *Dua Lipa: Complete Edition* bestand aus zwei CDs: Die erste war die Deluxe-Edition des Originalalbums, die zweite enthielt acht neue Titel. Die Single „One Kiss“, die sich im Laufe der Sommermonate zu einem Hit entwickelt hatte, war auf CD 2 zu finden, ebenso wie „Scared to be Lonely“ und „No Lie“. Für die *Complete Edition* nahm Dua außerdem die Single „Kiss and Make Up“ mit der K-Pop-Gruppe BLACKPINK auf.

ANGEL

„Mir wurde nie gesagt, dass ich nicht über Dinge sprechen soll, für die ich mich begeistere. Und selbst dann hätte ich nicht darauf gehört. […] Es ist wirklich wichtig, über bestimmte Themen zu sprechen und sie zu normalisieren.“

– Dua Lipa in einem Interview mit *NME* im Jahr 2020

Frühes Engagement

Dua hat seit Beginn ihres Ruhms an mehreren wohltätigen Events teilgenommen. Im Dezember 2018 trat sie beim jährlichen Konzert zugunsten der Wohltätigkeitsorganisation „Streets of London“ auf, das von der britischen Sängerin Ellie Goulding organisiert wurde. Ziel war es, Spenden für Wohnungslose in der britischen Hauptstadt zu sammeln. Dua engagierte sich zudem für UNICEF, indem sie deren „Go Blue“-Kampagne zum Weltkindertag 2018 unterstützte und 2019 Flüchtlingslager im Libanon besuchte. Im gleichen Jahr sammelte sie Spenden für Wohltätigkeitsorganisationen im Bereich der psychischen Gesundheit und für die Opfer eines Erdbebens in Albanien.

Grammy Awards 2019

Nach ihren Auszeichnungen bei den BRIT Awards 2018 wurde Dua bei den 61. jährlichen Grammy Awards in zwei Kategorien nominiert. Sie gewann beide Preise, wobei sie den ersten für die beste Dance-Aufnahme für die Single „Electricity" bekam. „Electricity", eine Zusammenarbeit mit Silk City, Diplo und Mark Ronson, war auf ihrem Album *Dua Lipa: Complete Edition* zu hören, das ursprünglich im September 2018 veröffentlicht wurde. Sie gewann auch in der Kategorie „Best New Artist" und setzte sich damit gegen Jorja Smith und H.E.R. durch. In ihrer Dankesrede für die Auszeichnung als beste Newcomerin dankte Dua ihren Fans, „die es mir ermöglicht haben, die beste Version meiner selbst zu sein".

Duas Beziehung mit Anwar Hadid

Bei der Marc Jacobs Show auf der New York Fashion Week im September 2019 wurde Dua erstmals mit Anwar Hadid gesehen. Anwar, der Bruder der Supermodels Gigi und Bella Hadid, war seit Juni desselben Jahres mit Dua zusammen. Das Paar führte etwa zwei Jahre lang eine Beziehung und adoptierte einen Welpen namens Dexter. Doch im Jahr 2021 beendete das Paar schließlich seine Beziehung. Laut *People* verriet eine Quelle: „Dua und Anwar machen derzeit eine Beziehungspause und verbringen Zeit getrennt voneinander … Sie versuchen gerade herauszufinden, wie es weitergeht."

KISS ME
I LOVE YOU
My Life

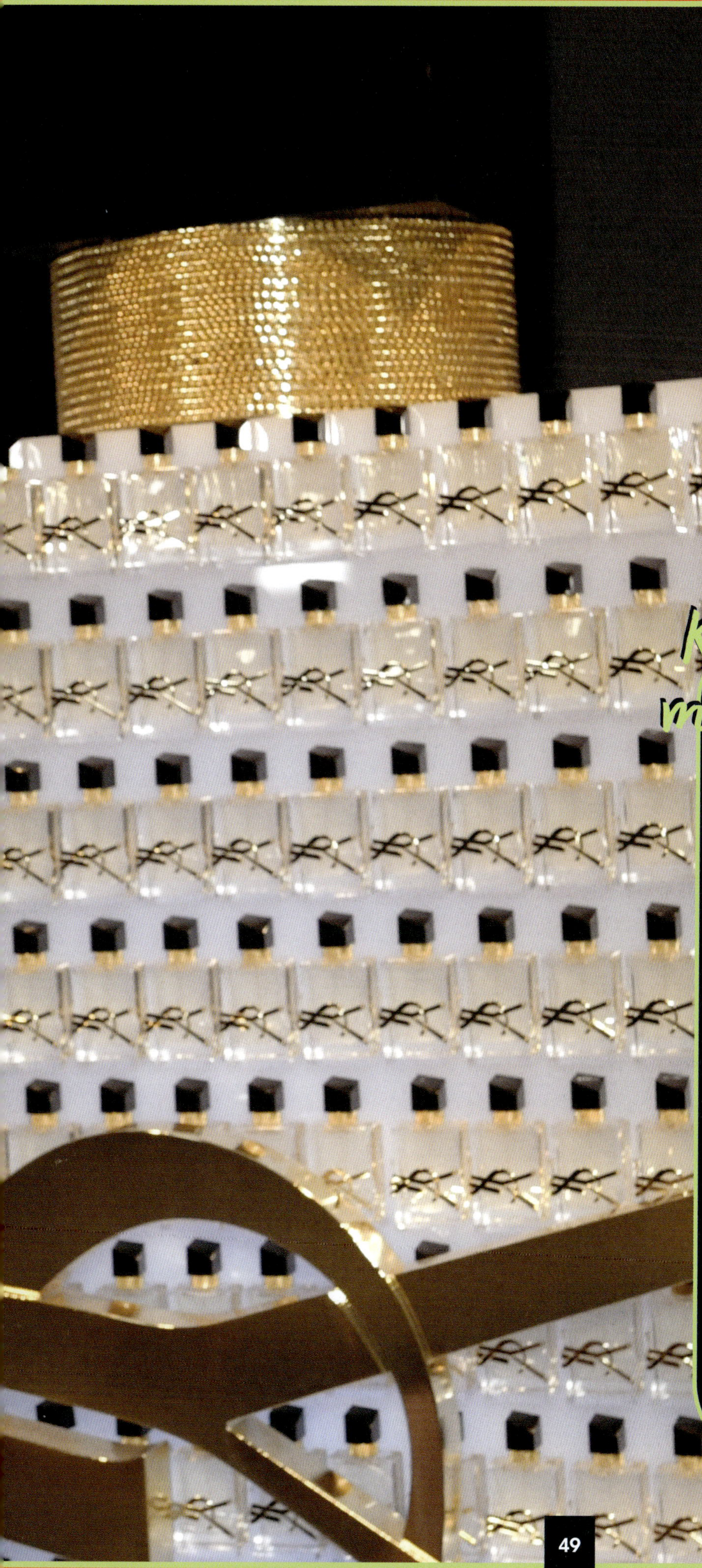

Kooperation mit Yves Saint Laurent

Im August 2019 schloss Dua eine Partnerschaft mit der Luxusmodemarke Yves Saint Laurent, um das Gesicht ihres Parfüms Libre zu werden. Sie trat nicht nur in der Libre-Werbekampagne als Model und Werbeträgerin auf, sondern nahm auch eine Coverversion des Rolling-Stones-Songs „I'm Free“ von 1965 auf, die den Sound zur Kampagne lieferte. Im Februar 2024 wurde bekannt gegeben, dass Dua zur globalen Make-up-Botschafterin für Yves Saint Laurent Beauty ernannt wurde. Zu dieser Ernennung sagte sie: „Das fühlt sich wie eine ganz natürliche Weiterentwicklung unserer Beziehung an … Ich bin jetzt seit fünf Jahren mit der Marke verbunden. Ich bin mit der Marke aufgewachsen.“

Neue Songs

Am 31. Oktober 2019 veröffentlichte Dua eine neue Single mit dem Titel „Don't Start Now". Der Song war die Lead-Single ihres mit Spannung erwarteten zweiten Albums, das Anfang des folgenden Jahres herauskommen sollte. „Don't Start Now" wurde von Kritiker:innen und Fans gleichermaßen hoch gelobt und schoss in den US-Charts auf Platz 1. Die zweite Single aus dem kommenden Album, „Physical", wurde am 30. Januar 2020 veröffentlicht. Auch dieses Lied war ein Hit und schaffte es auf mehrere Jahresendlisten von Musikmagazinen wie *NME* und *Billboard*. Zu „Physical" konzipierte Dua auch ein Musikvideo im Stil der 80er-Jahre.

Future Nostalgia

Duas zweites Album *Future Nostalgia* wurde am 27. März 2020 veröffentlicht, schoss an die Spitze der britischen Albumcharts und wurde ihr erstes Nummer-eins-Album in Großbritannien. Es enthielt insgesamt elf Titel, angeführt vom Song „Future Nostalgia“. Die Titel „Don’t Start Now“ und „Physical“ waren ebenfalls darauf, aber auch andere neue Songs wie „Break My Heart“, „Good in Bed“, „Boys Will Be Boys“ und „Hallucinate“. Das Album wurde von der Kritik gut aufgenommen. In einem Artikel für den *Rolling Stone* hieß es: „*Future Nostalgia* ist ein atemberaubend lustiger, stimmiger und ehrgeiziger Versuch, dem Disco-Sound im Jahr 2020 einen Platz einzuräumen.“

„Das Album hat mich glücklich gemacht und in mir den Wunsch geweckt, zu tanzen. Das war mir ein Anliegen, denn vielleicht lenkt es die Leute zumindest [von der Pandemie] ab und bringt sie dazu, tanzen zu wollen und sich glücklich zu fühlen.“

– Dua im Gespräch über die Veröffentlichung von *Future Nostalgia* mit Grammy.com

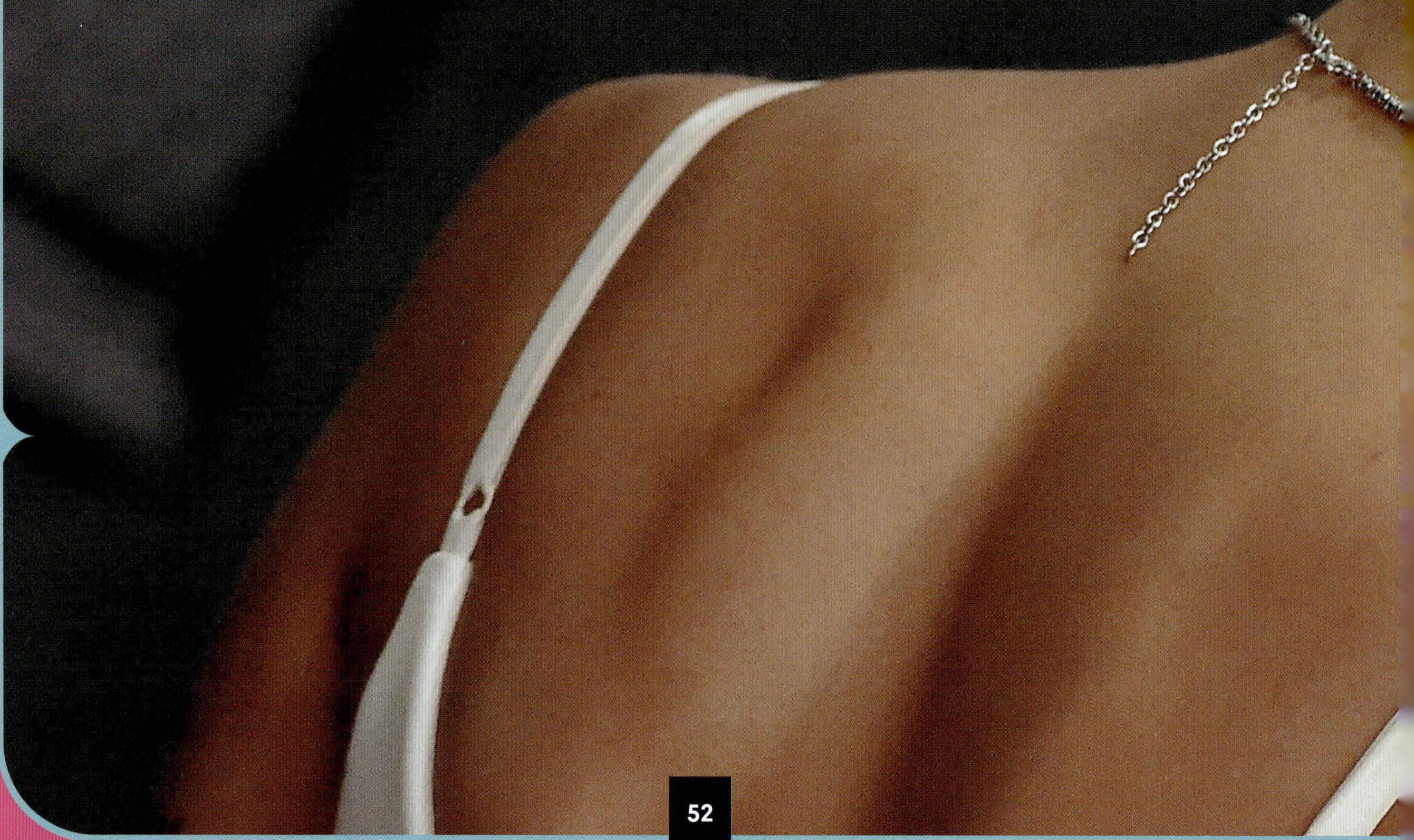

Engagement während der Pandemie

Duas neues Album wurde im März 2020 veröffentlicht – zeitgleich mit dem Beginn der COVID-19-Pandemie. Dua rief ihre Fans dazu auf, Spenden an das Flüchtlingshilfswerk der Vereinten Nationen (UNHCR) zu senden, um diejenigen zu unterstützen, die unter den Folgen der globalen Krise litten. Während der Pandemie und verschiedener Lockdowns in Großbritannien gab Dua mehrere Konzerte von zu Hause aus, die gefilmt wurden, um eine Reihe von Initiativen und Wohltätigkeitsorganisationen zu unterstützen. Sie nahm außerdem ein Segment für die Coverversion von „Times Like These“ auf, die als Teil der *Live Lounge* von BBC Radio 1 zu Benefizzwecken veröffentlicht wurde.

Zeit für einen Remix

Während der andauernden COVID-19-Pandemie brachte Dua am 28. August 2020 ein Remix-Album mit dem Titel *Club Future Nostalgia* heraus. Neben zwei neuen, bisher unveröffentlichten Liedern („Love is Religion" und „That Kind of Woman") umfasste das Album Remixe der ursprünglichen *Future Nostalgia*-Songs, die von einer Vielzahl verschiedener DJs kreiert wurden. Mark Ronson remixte „Physical" mit Gastgesang von Gwen Stefani, während Madonna und Missy Elliot im „Levitating"-Remix von The Blessed Madonna zu hören waren. Außerdem war ein Remix von „Kiss and Make Up" aus der *Complete Edition* von Duas Debütalbum dabei.

Levitating

Der Song „Levitating“, der bereits auf *Future Nostalgia* erschienen war, wurde als fünfte Singleauskopplung des Albums ausgewählt. Im August 2020 wurde er als Promo-Single veröffentlicht, nachdem der Song bereits zu einem der beliebtesten Titel des Albums bei Fans und Kritiker:innen geworden war. Ein Remix von „Levitating“ mit dem Rapper DaBaby wurde am 25. September 2020 angekündigt und in der darauffolgenden Woche veröffentlicht. Für den zweiten Remix der Single, produziert von der amerikanischen DJane The Blessed Madonna, steuerten Dua, Madonna und Missy Elliott jeweils eine Strophe bei. Er wurde von der Kritik unterschiedlich aufgenommen.

Gewinnerin bei den American Music Awards

Dua gab am 26. Oktober 2020 in der Sendung *Good Morning America* die Nominierten für die 48. American Music Awards bekannt. Bei der Preisverleihung am 22. November 2020 in Los Angeles, die von Taraji P. Henson moderiert wurde, nahm Dua dann den Preis in der Kategorie „Favorite Song – Pop/Rock“ für „Don’t Start Now“ entgegen. Sie war auch in der Kategorie „Favorite Female Artist – Pop-Rock“ nominiert, verlor aber gegen Taylor Swift. Obwohl sie nicht persönlich an der Veranstaltung teilnahm, gab Dua eine atemberaubende Performance von „Levitating“ in der Royal Albert Hall in London, die während der Verleihung live übertragen wurde.

Zusammenarbeit mit PUMA

Dua wurde im November 2020 zur globalen Markenbotschafterin für die Bekleidungsmarke PUMA ernannt. Dazu sagte die Sängerin: „Ich freue mich sehr, meine Partnerschaft mit PUMA bekannt zu geben. Egal ob bei Proben für Auftritte oder Wanderungen in den Bergen: Es ist wichtig, sich wohlzufühlen und gut auszusehen. Ich habe so viele Ideen für die Projekte und Kampagnen, bei denen ich mitmachen werde, und freue mich darauf, sie alle mit meiner PUMA-Familie zum Leben zu erwecken.“ Im Rahmen der PUMA-Kampagne „She Moves Us“ im Jahr 2021, die darauf abzielte, Frauen auf der ganzen Welt zu stärken und zu feiern, brachte Dua ihren eigenen Schuh namens „Mayze“ auf den Markt.

Kollaboration mit Miley Cyrus

Dua und die amerikanische Pop-Ikone Miley Cyrus gaben am 18. November 2020 bekannt, dass sie zusammen an einer neuen Single mit dem Titel „Prisoner“ gearbeitet hatten, nachdem es lange Zeit Spekulationen über eine Kollaboration der beiden gegeben hatte. Der Song wurde am darauffolgenden Tag veröffentlicht. Dua und Miley waren im Oktober 2020 bereits bei den Dreharbeiten zu einem Musikvideo gesehen worden, und Dua hatte zuvor bestätigt, dass sie an einem gemeinsamen Projekt arbeiteten. Nach der Veröffentlichung von „Prisoner“ verriet Dua, dass sie mehrere Songs zusammen aufnehmen wollten und so lange auf der Suche nach dem richtigen Material blieben, bis sie sicher waren, den richtigen Titel gefunden zu haben.

> **„Es war einfach großartig, einem Song unseren Stempel aufzudrücken – es war fantastisch, es war eine wirklich unglaubliche Erfahrung."**
>
> **– Dua in einem Interview für *On Air with Ryan Seacrest* im Jahr 2020**

Im Livestream

Da sie ihre geplante Tour für *Future Nostalgia* aufgrund der Pandemie zunächst nicht antreten konnte, arbeitete Dua stattdessen an einem Livestream-Konzerterlebnis für ihre Fans. *Studio 2054* wurde im Rahmen der „Unstaged“-Reihe von American Express aufgezeichnet und live aus dem Printworks in London gestreamt. Dua sang mehrere Songs aus beiden Alben in einer Reihe von maßgeschneiderten Sets zusammen mit Tänzer:innen und Akrobat:innen in Performances, die vom New Yorker Nachtclub Studio 54 inspiriert waren. Sie holte auch Musiker:innen wie Elton John, Miley Cyrus, FKA Twigs und Kylie Minogue als Gaststars in die Produktion, mal persönlich, mal per Livestream.

ANGEL

Der Powerhouse Award

In Anerkennung ihres beeindruckenden Erfolgs in den Bereichen Musikstreaming, Verkaufszahlen und Radio wurde Dua am 10. Dezember 2020 beim *Billboard Women in Music Event* mit dem Powerhouse Award ausgezeichnet. Während der virtuell abgehaltenen Zeremonie wurde Dua der Preis vom US-Senator Bernie Sanders überreicht, der sagte: „Sie erhebt ihre Stimme, um echte Veränderungen zu fordern." In ihrer kraftvollen Dankesrede sagte Dua: „Wir haben noch einen weiten Weg vor uns, bis echte Gleichberechtigung herrscht. Lasst uns weiterhin die Frauen feiern und alle jungen Mädchen da draußen ermutigen, die Triebkräfte der Zukunft zu sein."

Future Nostalgia Teil 2

Monatelang hatte sie ihre Fans damit auf die Folter gespannt, dass sie noch weitere unveröffentlichte Titel habe, die es nicht auf die Originalversion ihres Albums *Future Nostalgia* geschafft hatten. Am 11. Februar 2021 wurde schließlich eine Deluxe-Edition veröffentlicht. Zusammen mit der Veröffentlichung des Albums brachte Dua auch die Leadsingle „We're Good" heraus, die sich durch eine Abkehr vom Sound von *Future Nostalgia* auszeichnete. Ebenfalls auf *Future Nostalgia: The Moonlight Edition* zu finden waren Duas Zusammenarbeit mit Miley Cyrus, „Prisoner", sowie der Remix von „Levitating" mit DaBaby und „Un Día (One Day)", eine Zusammenarbeit mit J Balvin, Bad Bunny und Tainy.

Auszeichnung des TIME Magazine

Im März 2021 erschien Dua auf dem Cover des *TIME Magazine* als Vertreterin der 100 Next List, einer jährlichen Liste der einflussreichsten Menschen der Welt. Die australische Sängerin Kylie Minogue schrieb daraufhin: „Dua Lipa ist ein leuchtender Stern, der eine schillernde Spur durch den Pop-Kosmos zieht. Vor knapp vier Jahren veröffentlichte sie das erste ihrer beiden Alben. Heute tanzt sie Hand in Hand mit dem Zeitgeist und hat sich mit präziser Genauigkeit ihren Platz in der Kulturlandschaft erobert."

„*Future Nostalgia* bedeutet mir alles und hat mein Leben in vielerlei Hinsicht verändert.“

– Dua während ihrer Dankesrede für das Best Pop Vocal Album

Grammy Awards 2021

Bei den Grammy Awards 2021 war Dua Lipa mit sechs Nominierungen vertreten und gewann den Preis für Best Pop Vocal Album, womit sie sich einen Platz neben Größen wie Taylor Swift, Ed Sheeran und Adele sicherte. Neben dieser bedeutsamen Auszeichnung sang Dua „Levitating ft. DaBaby/Don’t Start Now“ und ließ damit das Meme „Go Girl Give Us Nothing“ alt aussehen. Dua gab bei ihrem Auftritt alles und verwandelte den Raum in eine rosafarbene, außerirdische Realität. Obwohl die Grammy Awards in diesem Jahr ohne Publikum stattfanden, schaffte es Duas Performance, eine echte Verbindung zu den Fans daheim herzustellen. Ihr Grammy-Auftritt war ein Vorgeschmack auf die neue Dua-Ära. Der Lärm der Hater wurde viel leiser.

Von der Chartstürmerin zur Modeikone

Auf den Titelseiten von Zeitschriften weltweit hat Dua im Laufe der Jahre mit ihrem treffsicheren Modestil für Begeisterung gesorgt. Von atemberaubenden Auftritten auf roten Teppichen bei Filmpremieren bis hin zu Tourkostümen und Laufstegen – Dua setzt mit ihren Outfits mutige und selbstbewusste Statements. Ihre Cover-Shootings mit der britischen *Vogue* verdeutlichen die allmähliche Entwicklung ihres Stils über die Jahre – eine perfekte Balance zwischen lustigen Looks und auffälligen Designs, die eine einzigartige Modefusion kreieren. Auf dem Cover des *Rolling Stone Magazine* der Ausgabe Februar/März 2024 steht: „Dua Lipa gibt uns alles“. Und dieses Statement ist nicht übertrieben: Die Fans feiern jeden ihrer aufregenden Looks.

Abräumerin bei den BRITS

Dua Lipa gewann bei den BRIT Awards 2021 zwei der größten Auszeichnungen für Leistungen in der britischen Musik. In einer von Frauen dominierten Kategorie gewann Dua Lipa mit *Future Nostalgia* die Auszeichnung für das beste britische Album, das seit seiner Veröffentlichung im März 2020 die Charts anführte. In ihrer Dankesrede forderte sie eine „faire Gehaltserhöhung" für das Personal an vorderster Front des Nationalen Gesundheitssystems (NHS). Dua wird in die Ruhmeshalle als letzte „Best Female Solo Artist" der BRIT Awards aufgenommen – 2022 wurden die geschlechtsspezifischen Auszeichnungen abgeschafft.

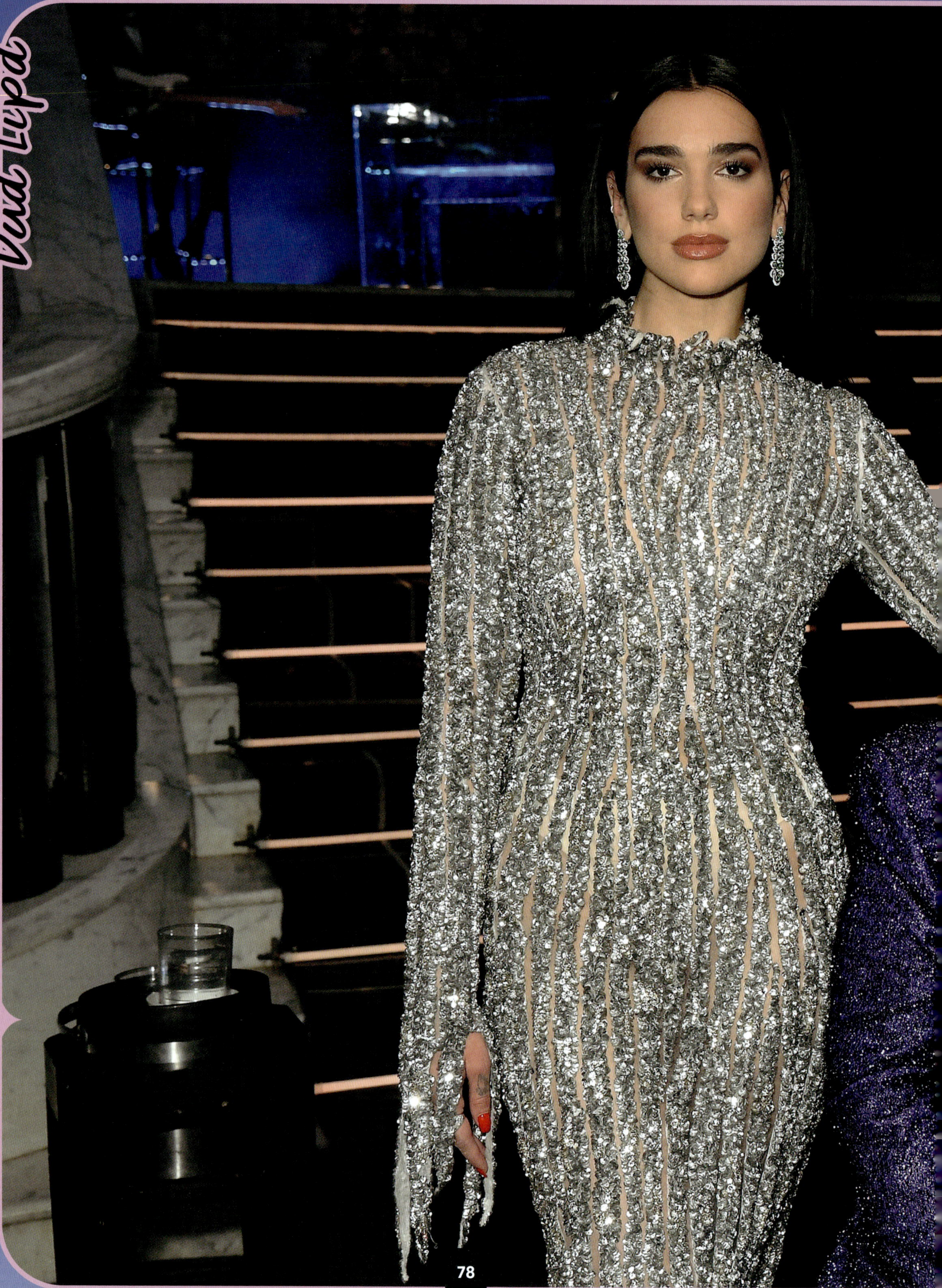

Cold Heart (PNAU Remix)

„Cold Heart (PNAU Remix)“ ist eine Zusammenarbeit zwischen den musikalischen Schwergewichten Dua Lipa und Elton John, die alle Rekorde brach. Der Song enthält Texte aus Eltons Klassikern wie „Sacrifice“ und „Rocket Man“ und ist auf dessen Album *The Lockdown Sessions* aus dem Jahr 2021 zu finden. Das Musikvideo versprühte fröhliche psychedelische Disco- und Flower-Power-Vibes und bot ein wahrhaft außerirdisches Erlebnis. „Cold Heart (PNAU Remix)“ brachte zwei verschiedene Generationen von Popmusikfans und -ikonen zusammen, die beide den Song auf ihren jeweiligen Tourneen spielten. Dua gab ihr virtuelles Glastonbury-Debüt mit dem Musikvideo zu Elton Johns Auftritt als Headliner im Jahr 2023. Könnte Dua Lipa das Festival auch als Headlinerin rocken? Das wird sich zeigen.

Dua als Model

Im September 2021 gab Dua ihr Debüt auf dem Laufsteg für Versace und präsentierte die Frühjahr-/Sommerkollektion 2022. Gleich bei ihrem Einstand erhielt sie die besten Positionen: Sie eröffnete und schloss die Modenschau. In einem schwarzen Kleid mit ausgeschnittenen, mehrfarbigen Sicherheitsnadel-Motiven schritt sie zu „Physical" über den Laufsteg. Bei ihrem zweiten Auftritt trug Dua ein pinkfarbenes, schimmerndes Crop-Top und einen knöchellangen Wickelrock mit einem Schlitz bis zum Oberschenkel (siehe Seite 96). Ihr auffälliges blau-grünes Augen-Make-up unterstrich beide Outfits und spiegelte Duas fröhliche Seite wider, die sie durch das spielerische Herausstrecken der Zunge in die Kamera zeigte.

Future Nostalgia Tour

Nach den Pandemie-Jahren war das Verlangen nach Konzerten riesig. Genau zu dieser Zeit fiel der Startschuss für Duas *Future Nostalgia*-Welttournee. Die 10-monatige Konzerttour sollte ursprünglich im Sommer 2020 beginnen, umrundete die Welt aber schließlich erst ab Februar 2022. Los ging es in Los Angeles, im November 2022 endete die Tour in ihrem Heimatland Albanien. Die Tour umfasste drei Akte, die die Songs ihrer beiden Alben miteinander verbanden und mit dem Pop-Klassiker „Don't Start Now“ endeten. Dua lud uns in eine aufwendig inszenierte Welt voller leuchtender Weltraumoveralls ein und brachte die ganze Welt zum Tanzen.

Willkommen, Service95

Im November 2021 kündigte Dua die Premiere ihres Lifestyle-Newsletters *Service95* an, der Geschichten aus aller Welt beleuchtet. Die Artikel behandeln Themen wie soziale Ungerechtigkeit, Kunst und Kultur bis hin zu Schönheit und Mode. Die Leser:innen erhalten auch einen Einblick in Duas Leben in den Bereichen Reisen, Musik und Essen sowie Buchempfehlungen. Einige Monate später, im Februar 2022, wurde *Dua Lipa: At Your Service* veröffentlicht. Der Podcast, der ihren Newsletter begleitete, befasste sich mit tiefgreifenden Themen und begrüßte eine Reihe hochkarätiger Gäste aus verschiedensten Bereichen. Duas Ziel für den Podcast war es, Gespräche zu führen, die sich für die Zuhörer:innen wie ein Service anfühlen, sei es durch Ratschläge und Informationen über die Branche oder Tipps zu persönlicheren Themen.

Kollaboration mit Megan Thee Stallion

Im März 2022 veröffentlichte Dua Lipa zusammen mit Megan Thee Stallion den Song „Sweetest Pie“. Die Gerüchteküche brodelte, als Dua Megan Thee Stallion zu deren Geburtstag eine Torte schickte und sie als „thee sweetest pie“ bezeichnete. Die süßen Anspielungen setzen sich in ihrem Musikvideo fort, das von dem Märchen „Hänsel und Gretel“ der Gebrüder Grimm inspiriert ist. In der düsteren Handlung des Videos locken Megan Thee Stallion und Dua ahnungslose Männer an, die ein klebriges Ende erwartet. Das Lied bewegt sich zwischen den Genres Pop und Rap. Bei den Grammys 2022 waren sie im gleichen Outfit zu sehen, und Donatella Versace erklärte stolz: „Das sind meine Mädels“. Eine Zusammenarbeit von Frauen, die Frauen unterstützen – oder wie Megan Thee Stallion sagt: „Jetzt sehen wir beide wie Gewinnerinnen aus.“

Von der Pop-Sensation zur Festivalplanerin

Dua betrat 2022 die Bühne im Kosovo für die dritte Ausgabe des „Sunny Hill Festivals“. Als größtes Musikfestival des Landes zieht es seit 2018 über 100.000 Musikfans an. Das von Dua und ihrem Vater Dukagjin ins Leben gerufene Festival präsentiert ein vielfältiges Spektrum zeitgenössischer Musik. Das Festival hat seinen Ursprung in Duas Heimatstadt Pristina und kehrte nach zwei Jahren Pause im Jahr 2022 mit zwei Ausgaben in Pristina und Tirana zurück. Neben Dua traten auch J Balvin, Diplo und Skepta als Headliner auf. Die Fans tanzten die ganze Nacht durch und feierten ihren Star.

„Ich stehe hinter der Black-Lives-Matter-Bewegung und dem Wunsch nach Gerechtigkeit für Opfer von Polizeibrutalität.“

– Dua im Gespräch mit Senator Bernie Sanders im Jahr 2020

Dua als Aktivistin

Früher behielten Musikstars ihre Meinungen und Werte für sich, da ihnen geraten wurde, sich auf die Musik zu konzentrieren. Mittlerweile hat sich das geändert und Popstars wie Dua Lipa positionieren sich zu Themen, die ihnen wichtig sind. Duas Songtexte sollen alle Menschen, insbesondere Frauen, inspirieren und ermutigen. Dua nahm 2020 am Black-Lives-Matter-Marsch in London teil und unterstützt die Rechte von LGBTQIA+-Personen. Ihre Sunny Hill Foundation unterstützt hilfsbedürftige Menschen und Projekte in der kosovarischen Gemeinschaft. Im November 2022 dementierte Dua Gerüchte, sie würde bei der FIFA-Fußball-Weltmeisterschaft in Katar auftreten, und erklärte, sie würde sich „darauf freuen, Katar zu besuchen, wenn es seine Menschenrechtsversprechen erfüllt hat“.

Duas Style auf der Met Gala

Im Mai 2023 war Dua Co-Vorsitzende der Met Gala, zusammen mit Michaela Coel, Penelope Cruz und Roger Federer. Das Thema in diesem Jahr lautete „Karl Lagerfeld: A Line of Beauty“ und würdigte den 2019 verstorbenen Designer. Dua trug ein weißes klassisches Ballkleid, das ursprünglich von Claudia Schiffer für Chanel AW92 getragen wurde. Dua sah in dem weißen, schwarz gesäumten Chanel-Kleid mit tailliertem Oberteil schick und elegant aus. Bei ihrem Debüt bei der Met Gala 2019 zum Thema „Camp Notes on Fashion“ war Dua der Star. Damals trug sie ein psychedelisches, auffälliges und farbenfrohes Versace-Kleid. Dua zeigt uns stets aufs Neue, dass sie sich nicht scheut, Statements zu setzen, und beide Outfits beweisen ihren wandelbaren Stil.

Duas Beziehung mit Romain Gavras

Gerüchte über Duas Beziehung zu dem 14 Jahre älteren Romain Gavras kamen im Februar 2023 auf, nachdem sie gemeinsam eine BAFTA-Afterparty verlassen hatten. Die Beziehung wurde bei den Filmfestspielen von Cannes auf dem roten Teppich bestätigt, auf den Gavras als ausführender Produzent des Films *Der König von Algier* eingeladen war. Romain hatte nur Augen für Dua, die auf dem roten Teppich ein rückenfreies Kleid trug. Ein paar Monate später wurden sie beim Entspannen in Griechenland gesichtet, wo sie die Weine der Region, frische Meeresfrüchte und das Schwimmen im Mittelmeer genossen. Unklar ist, wann sich Dua und Romain getrennt haben. Quellen zufolge wollte sich Dua auf ihre Musik konzentrieren.

Versaces „La Vacanza"

Im Mai 2023 liefen Dua Lipa und Donatella Versace in Cannes über den Laufsteg und feierten ihre gemeinsam entworfene Kollektion „La Vacanza". Die Kollektion wurde für heiße Sommernächte designt und versprüht Sommerurlaubs-Vibes. Sie besteht aus Tages- und Abendlooks, von Bikinis in Pink und Himmelblau bis hin zu schwarzen, hautengen Kleidern und Overknee-Stiefeln. Dua ist seit 2018 mit Versace verbunden, die Zusammenarbeit wurde bei einem Abend in New York beschlossen. Dua bezeichnete die Erfahrung als „absolut umwerfend" und dankte Donatella für ihre Unterstützung seit Anbeginn ihrer Karriere. Dass Prominente mit Designermarken zusammenarbeiten, ist nichts Neues, aber dass der Star selbst als Co-Designer:in einer Kollektion agiert, macht diese Zusammenarbeit einmalig.

„Dance the Night“ für Barbie

Vor dem mit Spannung erwarteten Kinohighlight *Barbie* veröffentlichte Dua den Song „Dance the Night“. In einem Interview mit Jimmy Fallon von der *Tonight Show* berichtete Dua, dass der Song eine düsterere Wendung nahm als ursprünglich geplant, um das Thema des Films widerzuspiegeln. Dua wollte eine Disco-Party-Hymne mit unterschwelligen, unruhigen Emotionen schaffen. Das Musikvideo zu „Dance the Night“ zeigt Dua, wie [diese] Barbie ein Musikvideo dreht. Das Musikvideo ist der Traum eines kleinen Mädchens mit hohen Schminkpaletten, Kleiderstangen und einem riesigen, pinkfarbenen Stöckelschuh. Laut Dua wurde der Song in Anlehnung an die Tanzeinlage im *Barbie*-Film geschrieben, die viral ging, als alle die Tanzschritte zu Hause nachmachten.

Dua Lipa

Dua als Meerjungfrau-Barbie

Dua betritt mit ihrem Schauspieldebüt in Greta Gerwigs *Barbie*-Film neue Gefilde. Der Film, der im Juli 2023 in die Kinos kam, wartete mit einer Starbesetzung und legendären Gastauftritten auf. Zu Beginn der Vermarktung des Films wurde die Besetzung mit Porträts „This Barbie is …" in den sozialen Medien präsentiert. Dua ist die Meerjungfrau-Barbie, die den legendären Satz „Hi Barbie" sagt. In den Strandszenen ist sie als pinkfarbene, blaue und violette Meerjungfrau-Barbie zu sehen und später an der Seite von John Cena, der den Meerjungfrau-Ken darstellt. In einem Gespräch mit Jimmy Fallon in der *Tonight Show* erklärte Dua, wie sehr sie diese Erfahrung liebte. „Einen Fischschwanz tragen? Das würde ich öfter machen."

> **Ich denke, in dem Lied geht es darum, seinen Wert zu kennen, zu wissen, wann es an der Zeit ist, zu bleiben, und auch zu wissen, wann es an der Zeit ist, zu gehen.“**
>
> **– Dua in einem Interview mit *Rolling Stone* im Jahr 2023**

Houdini

Im November 2023 veröffentlichte Dua ihre neue Single „Houdini“. Der Song läutete die nächste Ära von Duas Musik ein, die sie mit ihrem dritten Album *Radical Optimism* eindrucksvoll unterstrich. Mit „Houdini“ entfernte sie sich von der Neon-Disco-Musik von *Future Nostalgia* und wandte sich einem elektronischen, psychedelischen Sound zu. Im Musikvideo sehen wir Dua in einem Proberaum, bekleidet mit einem schwarzen Netzoberteil, einer blauen Trainingshose und Turnschuhen. Während die Musik spielt, scheint nicht alles so zu sein, wie es einmal war: Rothaarige Tänzer:innen tauchen auf und verschwinden wieder, und ihr Spiegelbild scheint ein Eigenleben zu entwickeln.

Duas Beziehung mit Callum Turner

Dua Lipa ist aktuell mit Callum Turner, einem der Stars aus *Phantastische Tierwesen*, liiert. Die ersten Gerüchte kamen im Januar 2024 auf, als sie auf einer Premieren-Afterparty beim Tanzen und Küssen gesehen wurden. Ein paar Tage später wurde ein Bild von dem glücklichen Paar bei einem Date in Santa Monica aufgenommen. Sie schienen es zu genießen, als sie Hand in Hand, beide in Schwarz gekleidet, zu Afterpartys bei den BAFTAs und den Grammys sowie zu Dates gingen. Eine Quelle verriet der Klatschpresse, dass das Paar „total verliebt“ sei, was sich darin zeigt, dass sie sich bei großen Veranstaltungen gegenseitig den Rücken stärken und bei Dates eine traute Zweisamkeit ausstrahlen.

Duas Villain Era

Dua ist in dem Spionage-Action-Thriller *Argylle* neben berühmten Schauspieler:innen wie Bryce Dallas Howard und Sam Rockwell zu sehen. *Argylle*, der vom *Kingsman*-Regisseur auf die Leinwand gebracht wurde, handelt von einer zurückgezogen lebenden Autorin von Spionageromanen, die beginnt, reale Ereignisse zu erleben, die der Handlung ihres neuen Buches sehr ähnlich sind. Dua spielt eine Terroristin namens LaGrange, die von dem britischen Spion Aubrey Argylle, gespielt von Henry Cavill, gejagt wird. In einem Interview sagte Cavill, er hoffe, dass Dua weiterhin als Schauspielerin tätig sein werde, da sie den Film erst zu dem gemacht habe, was er sei. Dua hat die Erfahrung als sehr unterhaltsam beschrieben – sicherlich auch deshalb, weil sie die Stunts selbst meisterte!

Grammy Awards 2024

Der lang erwartete Auftritt von Dua bei den Grammy Awards 2024 war ein voller Erfolg: Sie begann ihre Performance in der Mitte der Menge und verblüffte in einem hautengen schwarzen Outfit mit Nieten, umgeben von Männern, die Klimmzüge an einem Gerüstwürfel machten, bevor Dua über der Menge schwebte. Das Medley startete mit ihrer Single „Training Season“, ging in „Dance the Night“ über und endete mit „Houdini“. Dua strotzte vor Selbstbewusstsein. Vorbei sind die Zeiten von „Go Girl Give Us Nothing“. Die Performance wurde von der Kritik gefeiert – schließlich zeigt sie auch weiterhin, was für eine professionelle und herausragende Künstlerin sie ist.

Training Season is Over

Im Februar 2024 veröffentlichte Dua die zweite Single „Training Season“ aus dem Album *Radical Optimism*. Dua verriet, dass sie sich für den Song von „einer Reihe schlechter Dates“ inspirieren ließ und es „absolut leid ist, den Leuten … insbesondere Männern … zu erklären, wie man richtig mit jemandem ausgeht“. Diese Aussage zeigt, dass Dua ihren Wert kennt und aus Erfahrungen gelernt hat. Das Musikvideo spiegelt diese Ansicht wider, da Dua desinteressiert und fast schon gleichgültig wirkt, während Männer um ihre Aufmerksamkeit buhlen. „Training Season“ gibt uns einen Einblick in den Stil von Duas neuem Album. Sie lieferte eine unglaubliche Performance von „Training Season“ bei den BRIT Awards 2024 – weshalb wir es auch kaum erwarten können, sie weiterhin auf der Bühne zu erleben.

Buchtipps für dich

ISBN 978-3-7358-5391-2

ISBN 978-3-7358-5392-9

ISBN 978-3-7358-5368-4

ISBN 978-3-7358-5233-5

ISBN 978-3-7358-5336-3

ISBN 978-3-7358-5353-0

ISBN 978-3-7358-7114-5

ISBN 978-3-7358-5227-4

ISBN 978-3-7724-8436-0

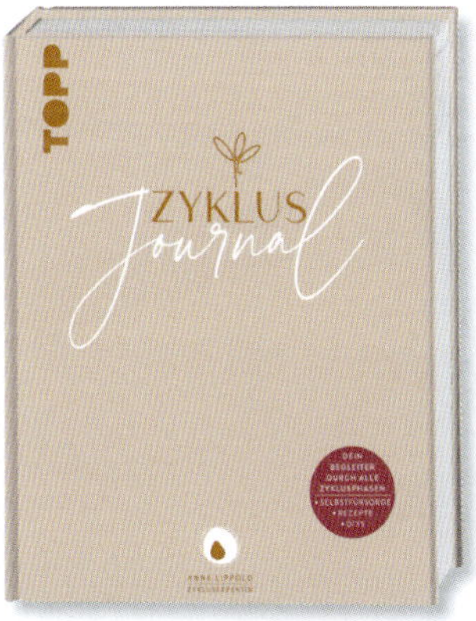

ISBN 978-3-7358-5253-9

ISBN 978-3-7358-5077-5

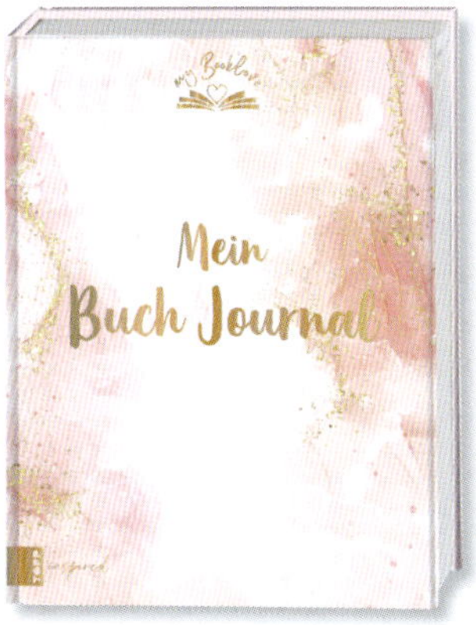

ISBN 978-3-7358-8137-3

ISBN 978-3-7358-5258-8

ISBN 978-3-7358-5059-1

ISBN 978-3-7724-4378-7

ISBN 978-3-7358-5405-6

ISBN 978-3-7358-5119-2

ISBN 978-3-7724-4629-0

Weitere Kreativ- und Fanbücher findest du auf www.TOPP-kreativ.de

#TOPPPROJEKT

Die eigene Kreativität zeigen: TOPPprojekt mit anderen Kreativen teilen und Teil der Gemeinschaft werden.

DIY-begeistert und auf Instagram? Dann unbedingt mitmachen! Hier gibt's Tipps und Feedback zu den eigenen Projekten. Außerdem verlosen wir jeden Monat ein Überraschungspaket. Um am Gewinnspiel teilzunehmen, einfach ein Bild vom Kreativ-Projekt aus unseren Büchern mit #TOPPprojekt posten und unserem Account @frechverlag folgen. Mehr Infos auf TOPP-kreativ.de/TOPPprojekt

Website
Auf TOPP-kreativ.de kannst du ein riesiges Angebot von über 1.000 Kreativbüchern, Sets & mehr entdecken.

Newsletter
Gleich anmelden unter: TOPP-kreativ.de/newsletter und immer als Erstes von unseren Neuheiten und Sonderaktionen erfahren.

Instagram
@frechverlag

Pinterest
pinterest.com/frechverlag

Facebook
facebook.com/frechverlag

DigiBib
Hier findest du zusätzlich zu vielen unserer Bücher digitale Extras, wie Video-Tutorials, Plotter-Dateien, Vorlagen, Übungsblätter & vieles mehr. Einfach im Impressum deines TOPP-Buchs den Freischalte-Code nachschlagen und exklusive Inhalte freischalten. TOPP-kreativ.de/digibib

Youtube
youtube.com/frechverlag

Wer wir sind, wie wir arbeiten, was wir lieben …

Auf Instagram, Facebook und Pinterest findest du mehr über uns und unsere Arbeit und wirst immer schnell und einfach mit den neuesten Infos versorgt.

Alle News, alle Infos und alle Links findest du auf www.TOPP-kreativ.de

Das ultimative

DUA LIPA

Fanbuch

Titel der Originalausgabe: The Ultimate Fan's Guide to Dua Lipa

Herausgeberin **Jessica Leggett**
Grafikdesign **Briony Duguid**
Texte **Kate Purdy, Emily Staniforth**
Bilder **Getty Images (S. 6; S. 8–57; S. 60–105; S. 108–111; Poster), Alamy (S. 58/59; S. 106/107)**

Für die deutsche Ausgabe
Produktmanagement **Melissa Behnke**
Übersetzung **Jan Votteler**
Satz und Lektorat **red.sign, Stuttgart**
Coverbild **Neilson Barnard/Shutterstock**
Covergestaltung **Lena Sofie Schmitt**
Herstellung **Carina Scheffel**
Druck und Bindung **PNB Print Ltd, Lettland**

1. Auflage 2025

produktsicherheit@frechverlag.de
ISBN 978-3-7358-5374-5 • Best.-Nr. 25374

MIX
Papier | Fördert gute Waldnutzung
FSC® C084698

Penguin Random House Verlagsgruppe
FSC® N001967

Deine DigiBib – für Korrekturen & Aktualisierungen
Uns ist im Druck ein Fehler unterlaufen? Das tut uns leid! Wenn wir schon davon wissen, findest du die korrekten Informationen in der Digitalen Bibliothek. Falls du hier nichts findest: Melde dich gerne direkt bei uns. Vielen Dank!

www.topp-kreativ.de/digibib
Freischaltcode: 51982